땀방울의 시학

땀방울의 시학

발행일 | 2025년 10월 4일

지은이 | 박삼숙

펴낸곳 | 도서출판 시와 이야기

주 소 | 서울특별시 중구 마른내로 8길 14 3층 (인현동 2가)

전 화 | 010-8947-2462

Email : heir201933@gmail.com

ISBN 979-11-93520-27-7

이책의 판매 공급처 | 도서출판 시와 이야기

· 이 책의 내용은 저작권법에 따라 보호받고 있습니다.

땀방울의 시학

박삼숙 시집

시인의 말

  나는 지난 20여 년 동안 배드민턴이라는 운동과 함께 내 젊음을 불사르며 살아왔다. 라켓을 움켜쥔 손끝에서는 번개처럼 짜릿한 힘이 튀어 올랐고, 셔틀콕은 마치 흰 날개를 단 새처럼 날아올라 내 가슴을 두드렸다.

  코트 위에서 온몸을 던지며 뛰던 그 시절, 나는 땀방울 하나에도 희망을 새겼고, 승부의 찰나마다 삶이 무엇인지, 의미가 어디에 있는지를 배웠다. 배드민턴은 단순한 운동이 아니라 내 청춘의 무대였고, 내 삶을 지탱하는 또 하나의 기둥이었다. 세월이 흐른 지금, 나는 동호회의 고문으로서 회원들과 호흡을 함께 나눈다. 예전처럼 매일같이 코트를 누빌 수는 없지만, 당번을 서며, 옆에서 응원하며, 때로는 라켓을 다시 손에 쥐는 순간마다 내 마음은 여전히 신인 선수의 심장처럼 두근거린다.

몸은 변했으나 마음은 아직도 현역이다. 배드민턴은 어느새 내 삶의 또 다른 얼굴이 되었고, 나의 오랜 시간과 함께 깊이 얽혀왔다. 삼십여 년 동안 가게를 운영하는 일상의 굴곡 속에서도, 또 이십여 년 동안 동호인들과 웃고 울며 함께한 시간 속에서도, 이 작은 운동은 단순한 취미를 넘어 나의 정신과 영혼을 지탱하는 커다란 날개가 되어 주었다.

라켓을 휘두르던 순간들은 결국 시가 되었고, 셔틀콕이 그리던 궤적은 내 삶의 궤적과 겹쳐져 시의 언어로 다시 태어났다. 그 속에는 배드민턴의 서사 속에서 흘린 땀과 웃음, 패배의 눈물과 환희의 외침이 고스란히 담겨 있다. 코트 위에서 느낀 긴장과 해방, 동호인들과 쌓은 우정과 연대, 그리고 넘어지고도 다시 일어섰던 순간들을 한 편 한 편의 시 속에 새겼다.

라켓을 쥐지 못하는 날에도, 시는 나를 다시 뛰게 했다. 셔틀콕 대신 언어를 날리며, 코트 대신 시의 무대 위에서 나는 여전히 도전하고, 여전히 날아오르고 있다.

시는 내게 또 다른 운동이자, 또 다른 삶의 경기장이었다. 이 시집은 그렇게 태어난 산물이다. 부족한 글일지라도 그 안에는 내가 살아온 시간과, 다시 일어서려는 의지, 그리고 세상을 사랑하려 했던 마음이 담겨 있다.

이 책을 펼친 독자가 잠시 숨을 고르듯 시를 읽으며 자신의 삶 속에서 다시 일어설 용기를 얻는다면, 그것만으로도 내가 흘린 오랜 땀과 눈물은 값진 결실이 될 것이다. 나는 지금도 여전히 코트 곁에 서 있다. 비록 몸은 예전 같지 않지만, 내 마음은 여전히 현역으로 뛰고 있다.

그리고 나는 이제 안다. 시란 결국 삶을 사랑하게 만드는 또 다른 이름이라는 것을.

추천의 글

문학과 스포츠는 오래전부터 서로 평행선을 그어온 듯 보인다. 시는 고요하고 성찰적이며 내면의 진동을 탐구하는 장르라 여겨지고, 스포츠는 육체의 역동성과 승부의 긴박함을 표현하는 영역으로 인식되어왔다.

그러나 박삼숙 시인의 시집 《땀방울의 시학》은 이 두 세계가 얼마나 긴밀히 맞닿아 있는지를 증명하는 놀라운 사례다. 라켓의 울림, 셔틀콕의 궤적, 땀방울의 무게가 시어 속에 녹아들며, 문학은 경기의 리듬을 품고, 스포츠는 언어의 무대를 빌려 또 다른 생명을 얻게 된다. 이 만남은 단순한 결합이 아니라, 서로가 서로를 확장시키는 낯선 조우다. 우리는 여기서 문학의 경계가 얼마나 넓고 유연할 수 있는지를 목격한다.

땀방울의 시학, 삶의 기록

　이 시집의 중심에는 언제나 "몸"이 있다. 코트 위를 내달리는 몸, 긴장 속에서 흔들리는 몸, 그리고 세월 앞에서 변화하는 몸. 그러나 그 몸은 단순한 신체가 아니라 삶의 이력을 기록하는 또 하나의 언어다. 시인은 청춘의 날들 속에서 라켓을 움켜쥔 순간을 기억하고, 승부의 찰나마다 새겨진 희망과 좌절을 시어로 환원한다. 땀방울은 그 자체로 문장이 되고, 패배의 눈물조차 다시 일어서는 힘의 메타포가 된다.

　문학은 흔히 "언어의 예술"이라 말하지만, 여기서는 땀과 심장의 박동이 곧 언어의 대체물이 된다. 셔틀콕이 날아오르는 순간은 단순한 스포츠 기술이 아니라, 인생이 던지는 질문에 대한 응답이다. 승부는 언제나 양극단을 내포하지만, 그 모든 순간이 결국 삶을 지탱하는 거대한 울림으로 귀결된다. 이 책의 시들은 바로 그 울림을 포착해낸 기록이다.

승리와 패배를 넘어서는 철학

 스포츠를 다룬 문학에서 가장 흔히 범하는 오류는 승리의 환희나 패배의 비애를 단순 서사로 전환하는 데 그치는 것이다. 그러나 박삼숙 시인의 작품은 다르다.
오히려 승부의 양극단을 모두 끌어안고, 그것을 하나의 삶의 과정으로 전환시킨다.

 예를 들어 "눈물로 열리는 하늘"에서 패배의 순간은 단순한 좌절이 아니다. 그것은 또 다른 시작을 열어젖히는 통로로 변모한다. 눈물은 부서진 별빛이 되어 새로운 하늘을 연다. 반대로 "날개 위의 환희"에서 승리는 개인의 영광을 넘어 공동체의 환호와 합쳐지며, 진정한 승리란 청중의 마음까지 움직이는 힘임을 드러낸다. 이처럼 시인은 승리와 패배라는 이분법적 틀을 해체하고, 그것들을 삶의 거대한 서사 속에서 조율한다. 이는 곧 스포츠를 넘어선 인생 철학으로 이어진다. 우리는 누구나 실패와 좌절을 경험하지만, 그것이 끝이 아니라는 것을 시인은 반복해서 증명한다. "꺼지지 않는 심장"에서 드러나듯, 불사조처럼 다시 타오르는 의지야말로 인간 존재를 빛나게 만드는 본질이다.

코트라는 인생의 축소판

　박삼숙 시인에게 배드민턴 코트는 단순한 경기장이 아니다. 그것은 인생의 축소판이자 우주의 무대이다.
　네트는 인간 관계의 경계를 상징하고, 셔틀콕은 희망과 좌절, 기쁨과 아픔을 싣고 오가는 운명의 화살이 된다. 코트 위에서의 랠리는 서로 다른 존재가 주고받는 대화이며, 때로는 갈등, 때로는 화해, 때로는 예기치 못한 반전으로 이어진다.

　"능선의 숨결"에서 코트는 산맥의 능선으로 변주되고, 랠리는 계곡의 메아리가 된다. "파도 위의 날개"에서는 셔틀콕이 바다를 가르며 솟구치고, 코트는 파도의 무대가 된다. 이처럼 공간은 단순한 경기장이 아니라 은유의 장으로 확장되며, 그 속에서 우리는 삶의 본질을 읽어낸다. 결국 시인이 보여주는 코트는 인간의 축소된 사회이고, 각자의 위치와 역할이 교차하는 무대이다. 그 안에서 협력과 경쟁이 교차하고, 우정과 갈등이 얽히며, 개인의 의지가 공동체의 서사로 이어진다. 이 시집은 코트를 통해 인생을 다시 바라보게 한다.

맺으며

〈땀방울의 시학〉은 스포츠와 문학, 삶과 철학을 잇는 다리다. 그것은 단순한 시집을 넘어, 한 사람의 삶을 응축한 기록이자, 우리 모두의 삶을 비추는 거울이다. 땀방울 하나에도 의미를 부여하는 시인의 시선은, 우리가 일상 속에서 놓치고 지나가는 수많은 순간을 다시 바라보게 한다.

나는 이 책을 펼치는 독자들이 코트 위에서 뛰는 선수처럼, 혹은 시를 쓰는 시인처럼, 자신의 삶 속에서도 새로운 리듬과 박동을 발견하길 바란다. 시란 결국 삶을 사랑하게 만드는 또 다른 이름이라는 사실을, 이 시집은 분명하게 증명하고 있다.

문학평론가
이현우 교수

목 차

시인의 말 4

추천의 글 7

1부 날개의 시작

바람 위에 새겨진 환호	18
둥근 심장의 방랑	19
묵을 찢는 날개	20
내 안의 승부	22
꺼지지 않는 심장	24
눈물로 열리는 하늘	26
파도 위의 날개	27
낯선 바다의 목소리	28
날개의 합창	29
깃털의 비밀 신호	30
두 개의 비밀	31
교차된 침묵의 흔들림	32
날개 위의 환희	33
긴장과 여유의 이중주	34
두 강의 충돌	35
날개 달린 이름	36
능선의 숨결	37

균형을 흔드는 무대　　　　　38
눈속임의 칼끝　　　　　　　39

2부 땀방울의 교향곡

빛과 그림자의 춤　　　　　　42
셔틀콕의 왈츠　　　　　　　44
검은 글씨의 전장　　　　　　45
선을 삼킨 순간　　　　　　　46
빛을 쓴 왕관　　　　　　　　47
경계의 음표　　　　　　　　48
보이지 않는 그물의 힘　　　　49
소리로 쌓인 다큐멘터리　　　50
강약의 경계에서　　　　　　51
불꽃과 침묵의 조율　　　　　52
빛과 소금의 무대　　　　　　53
검은 붓의 발자취　　　　　　54
보석이 된 땀방울　　　　　　55
붉은 심장의 서사　　　　　　56
거울 위의 두 심장　　　　　　58
빛을 삼키는 화염의 메아리　　59
휘몰아친 선율　　　　　　　60
불꽃의 맥박속으로　　　　　61

3부 불멸의 경기장

바람의 합창단	64
오늘을 삼킨 태양	66
흰 새의 심장 박동	67
바람에 걸린 경계의 춤	68
콕이 부르는 아리아	69
발자국의 언어	70
황금빛 침묵의 무대	71
은유는 날개를 달고 춤춘다	72
불꽃과 소금의 경계	73
파도의 현	74
설레는 경기	75
바람 위의 능소화	76
별들의 합창	77
폭풍의 혀끝	78
폭풍 속 떨림의 깃발	79
이질의 만남	80
폭풍의 서사시	81
스텝의 심장박동	82
솜사탕 위의 매운 고추	83

4부 끝없는 여정

침묵을 찢는 날개	86
잠들지 않는 코트	87
운명을 가르는 손끝	88
심장의 불길로 빚은 날개	89
승리의 서사	90
팽팽한 이야기의 매듭	92
팽팽한 숨의 현악	93
안개속의 전설	94
황금의 숨결	95
영원의 향기	96
숨결을 더듬는 운명	97
번개의 서사	98
번개의 혈관	99
운명의 회오리 연주	100
심장을 가르는 날개의 외침	101
현 위에 피어난 날개	102
승리의 클라이맥스	103
흔들림 속의 탄생	104
깃털이 새긴 드라마	105

1부

날개의 시작

바람 위에 새겨진 환호

깃발이 오르고
코트 위에 불꽃이 모인다
함성과 박수
역사의 순간이 피어난다

전통은 흐르고
땀은 금빛으로 빛난다
기쁨과 눈물 사이
선수들의 이야기가 새겨진다

승리의 환호
패배의 침묵
모두가 삶의 거울이 된다

축제는 끝나도
깃발은 계속 나부낀다
세대를 잇는
열정의 무대 위로

둥근 심장의 방랑

붉은 공 희망의 심장
햇살 품고 바람에 흔들려
작은 발걸음 세상 끝으로

넘어지면 웃음으로 일어나
아픔과 기쁨 둥글게 감춰
다시 튀어 오르는 용기

멈추면 사라질 꿈
구르며 그리는 세계
빛과 어둠의 경계에서

무한의 길
희망과 절망 사이
붉은 공은 계속 굴러간다.

묵을 찢는 날개

코트 위 늘어진 투명한 그물
긴장은 땀 냄새에 젖은 숨결이 되어
한 선을 넘을 때마다
심장은 낯선 맥박을 세운다

언드 클리어, 그것은 예언
목구멍을 찢고 울려 퍼지는 주문

앞을 가로막은 수비의 벽
은유의 화살 하나가 찢어낸다
그 떨림은 귀끝을 스치는 속삭임
날은 무뎌도 궤적은 눈처럼 선명하다
허공을 갈라낸 건 날개가 아니라
속살을 태우는 의지다

솟구친 깃털은 한순간 멈추어
대조 같은 고요 위에 서고

공기는 마른 목구멍을 스치며
침묵 속의 파도처럼 일렁인다
평화 아닌 평화
그러나 우리는 안다,
폭풍은 언제나 고요를 품는 법

예고 없는 낙하
살결을 때리는 충돌의 진실
숨결이 둘로 찢기며
이름을 얻은 기술은
영원의 언어로 남는다

강한 눈빛, 언드 클리어
소리 없는 무너뜨림이자 일으킴
코트 위에 각인된 깃털의 기록
손끝에서 번져가는 뜨거운 증언이다.

내 안의 승부

하얀 라인은 속삭인다
"넘어오지 마, 여긴 어둠의 땅"

그림자는 노려본다
"너의 두려움을 먹고 자라리라"

나는 숨을 고르고
한 발을 선 밖으로 내딛는다

그 순간 골짜기는 입을 열어
나를 삼키려 하지만
빛은 저 멀리 손짓하며
"와라, 너의 미래는 이쪽이다" 속삭인다

죽음의 골짜기라 불리는 곳
사실은 용기의 문지방이었다

두려움과 맞서 싸우는 그 자리에서

나는 알았다
승리는 멀리 있지 않음을

꺼지지 않는 심장

재는 속삭인다 "여기서 끝난 줄 알았지?"
불꽃은 외친다 "다시 태어날 시간이야!"

어제의 상처는 무대를 닦아내고
오늘의 날개는 빛을 향해 치솟는다

시련은 나를 시험하지만

나는 불사조, 꺾이지 않는 노래

불길 속에서도 웃으며
"다시, 다시!" 외치는 영혼

재 속에서 일어서는 날갯짓
그 힘찬 박동이 희망을 부른다

불사조는 말한다
"넘어져도 다시, 무너져도 다시"

그 불멸의 춤 속에서
우리는 무한한 가능성을 배운다.

눈물로 열리는 하늘

달빛은 패배의 이마를 스치고
찢긴 깃발은 숨을 죽인다
눈물은 부서진 별이 되어
안개 속으로 스며든다

거울 같은 벽에 비친 얼굴
불씨 하나 눈물 속에서 깨어난다
침묵은 결심이 되어
어둠의 빛을 키운다

손길은 실처럼 상처를 꿰매고
땀은 마른 가지에 비가 된다
흙 속에서 불꽃을 기다리며
눈물은 포기의 반대말이 된다

그 빛은 그림자와 춤추고
낡은 무대에 새 시작을 새긴다
패자의 눈물은 깨어진 별이 아니라
또 다른 하늘을 여는 문이다.

파도 위의 날개

셔틀콕은 파도를 가르며 솟구치고

심장은 드럼처럼 파도소리를 울린다

빛과 그림자 부딪히는 수평선 위
열정은 불꽃 아닌 파도거품이 되어 번진다

한 점 한 점 모여
승리의 탑은 조개껍질처럼 쌓이고
기쁨은 밀려오는 물결로 다가온다

기술과 판단의 조류 속에서
우리는 파도에 몸을 싣고
한계를 넘어
날개 대신 물결로 날아오른다.

낯선 바다의 목소리

혀 끝은 번개처럼 스친다
칼날의 파문이 공기를 가른다

말은 바람처럼 스며들다
갑자기 화살 되어 틈새를 찌른다

부딪힌 언어는 불꽃을 흩뿌리고
진실과 그림자가 교차한다

그 물결 위에서
우리는 낯선 바다를 항해한다.

날개의 합창

승리는 속삭인다
"이 길 끝에서 나를 만나라"

열정은 불꽃 되어
코트 위를 달리고

의지는 돌처럼 굳어
흔들림 없는 벽이 된다

땀방울은 길잡이가 되어
발걸음을 밝히고

팀워크는 날개를 펴
서로를 더 높이 들어 올린다

그 순간, 우리는 안다
하나된 열망이 만든
승리의 의미

깃털의 비밀 신호

손목은 지휘자
스냅은 노래한다

"나는 바람의 채찍
깃털의 길잡이."

셔틀콕은 대답한다
"너의 신호에 날개를 달아
예상치 못한 길로 춤추리."

작지만 강한 떨림
그 순간 코트의 심장이 뛴다.

두 개의 비밀

라켓은 번개의 검이 되어
코트를 가르고
스매시는 천둥처럼 울린다

그러나 쓰러지지 않는 힘은
끝끝내 버티는 수비 속에 있다
구석을 향한 공을
다시 끌어올리며
희망의 불씨를 지켜낸다

공격의 불꽃과
끈질긴 수비의 뿌리
그 두 날개로 날아오를 때
세상은 고개를 숙인다

마침내 빛나는 정상
별빛의 왕관이 씌워지고
그대는 흔들림 없는 이름으로
여왕의 자리에 선다.

교차된 침묵의 흔들림

코트 위 교차된 선율이 번개처럼 흔들린다
라켓 끝은 칼날 되어 바람을 가르고
파문 같은 곡선이 순간을 찢는다

휘파람 소리로 터져 나오는 긴장
셔틀은 날개 달린 새 되어 선을 가로지른다
공중에 그려진 곡선은 비밀의 글씨,
상대의 호흡을 끊는 은유의 그림자

교차하는 순간 귀를 때리는 바람의 울림
눈 앞에 남은 궤적은 반어처럼 빛난다.

날개 위의 환희

코트는 심장을 두드리며 외친다
"이 순간이 너의 빛이다!"

셔틀콕은 하얀 날개로 노래하고
청중의 눈빛은 불꽃처럼 춤춘다

박수는 파도 되어 몰아치고
우리 이름은 그 물결 위에서 반짝인다

승리의 기쁨은 품에 안긴 새처럼
가슴 속에서 날개를 퍼덕이며 울린다

그 물결 속에서 우리는 안다
청중의 마음까지 이끄는 힘
그것이 진정한 승리의 의미임을

긴장과 여유의 이중주

바람을 가르며 시작된 발걸음
리듬의 유사성 펼쳐진다

느림 속의 지혜, 빠름 속의 전략
상반된 조화가 춤추는 순간

긴장과 여유의 대조
코트 위에 피어나는 새로운 이야기

각자의 리듬 속 성장의 상징
무한한 가능성의 끝없는 여정

두 강의 충돌

코트 위에 긴장과 열기
한국과 중국의 라이벌이 맞선다

한국은 강인한 뒷심과 치밀한 전략
중국은 날카로운 기술과 압도적 속도
두 색깔이 부딪히며
경기는 불꽃이 된다

"대한민국!" "가요!"
관중의 함성이 파도처럼 밀려와
승부는 더욱 뜨겁게 달아오른다

승리와 패배를 넘어
서로에게 배우고 성장하는 길

그 순간 우리는
스포츠의 진정한 의미를 본다

날개 달린 이름

네트는 긴장한 숨결로 실을 곧게 당기고
셔틀콕은 날개를 퍼덕이며 노래한다

라켓은 번개로 튀어 오르며
하늘 위에 길을 그린다

땀방울은 별빛이 흩뿌려져
코트 위에 전설을 수놓는다

그 이름은 바람 속에서 다시 피어나
셔틀콕의 궤적마다 빛을 남긴다.

능선의 숨결

코트 위는 하나의 능선
발끝은 바위에 닿는 새벽의 걸음

서로의 호흡은 솔바람 되어
휘파람처럼 오르내린다

랠리는 계곡의 메아리
공은 돌과 돌이 맞부딪히는 대화

신뢰의 길 따라
우정은 나무의 뿌리처럼 얽히고
함께 선 순간은 봉우리 위의 빛이 된다.

균형을 흔드는 무대

서로 다른 두 손의 리듬
코트 위에 시작된 조화의 서막

강력한 오른손의 스매시
섬세한 왼손의 터치가 만들어내는 대조

서로의 차이를 이해하며
전술의 상징 속에 피어나는 팀워크

완벽한 앙상블로 완성된 승리
삶의 무대 위, 희망의 메타포가 춤춘다

눈속임의 칼끝

셔틀콕은 웃으며 속삭인다
"잡아봐, 나는 바람의 무희."

라켓은 장난스레 고개를 젓고
손목은 수수께끼를 숨긴다

한 발짝의 거짓
두 발짝의 진실

그 순간 흔들린 시선 속에서
눈속임은 승리의 검이 된다.

2부

땀방울의 교향곡

빛과 그림자의 춤

패자의 눈물은 밤을 적신다
별빛조차 등을 돌린 어둠 속
꿈은 닿지 못한 언덕에 흩어지고
숨결은 차가운 강물 속으로 스며든다

무릎 꿇은 자리엔 결심이 움트고
벽처럼 선 현실의 틈새에서
작은 불꽃이 숨을 쉰다
검은 장막을 찢고 피어오른 날갯짓,
패배는 도약의 그림자를 품고 있다

운명은 기울었으나
희망은 가장 짙은 그늘에서 반짝인다
승패를 가르는 얇은 선 위로

새벽을 깨우는 첫 북소리가 울리고
숨겨진 서사가 천천히 눈을 뜬다

손을 맞잡은 체온 속에서
땀방울과 눈물은 낯선 진주가 되고
좌절의 흔적은 잉크가 되어
다시 쓰는 이야기를 적어간다
빛과 그림자는 나란히 춤추며
무대 위에 새벽의 무늬를 놓는다.

셔틀콕의 왈츠

바람의 손길 속 셔틀콕은
왈츠처럼 원을 그리며 흐르고

순간의 긴장은 탱고의 발끝에서
강렬히 부딪혀 불꽃을 일으킨다

빠른 랠리는 탭댄스의 박자로 튀어 오르고
점프 스매시는 발레의 도약처럼 하늘을 찌른다

햇살 속 땀방울은 플라멩코의 격정이 되고
웃음은 포크댄스처럼 서로를 잇는다

자연과 어우러진 이 무대 위에서
우리는 춤추듯 싸우고 춤추듯 어울린다

끝없는 여정
경기장은 삶을 무대 삼은 무용의 장

검은 글씨의 전장

정적의 심장, 코트는 전장이 되고
라켓은 검, 셔틀콕은 불꽃의 창
숨죽인 관중은 별빛 같은 증인이 된다

눈빛은 방패, 스매시는 번개
순간의 결단이 운명을 가르고
침묵 뒤 폭발하는 함성은
전사의 서사, 불멸의 노래다

빛과 어둠의 교차로 위에
승리와 패배는 검은 글씨로 새겨진다

그 손끝, 한 획의 흔적이
불붙은 역사를 다시 쓴다.

선을 삼킨 순간

셔틀콕은 속삭인다
"나는 선을 베어낸 춤꾼이야."

하얀 날개는 라인을 스치며
칼끝 같은 순간을 그려낸다

경계는 숨죽인 심판
넘을 듯 말 듯 흔들리는 발자국을 노려본다

집중은 창이 되고
반응은 방패가 되어
코트 위 전쟁은 노래가 된다

셔틀콕이 라인을 깨무는 그 찰나
땀은 별빛이 되어 반짝이고
우리는 한계를 삼킨다

경계는 더 이상 울타리가 아니다
넘나드는 춤 속에서
승리의 길은 새 날개

빛을 쓴 왕관

왕관은 속삭인다
"너희의 땀이 나를 빚었노라"

도전은 불꽃이 되고
인내는 보석이 되어
하나의 빛줄기로 얽힌다

A조의 왕관은 단순한 승리가 아니다
서로를 북돋운 시간과
함께 이룬 꿈이
찬란히 새겨진 증언이다

그 빛 속에서 우리는 배운다
홀로보다 함께일 때
더 멀리 나아갈 수 있음을

왕관은 이제 출발의 신호탄
다음 여정을 향해
눈부신 불빛을 던진다.

경계의 음표

바람 틈을 찢는 목마른 숨결
호각은 경계 너머 북소리로 운다

손끝은 음표 삼킨 입술의 떨림
눈빛은 지휘자의 박자 속에 선을 긋는다

깃털은 날아올라 공중을 악보로 적시고
공기는 긴장과 이완의 줄다리기

코트 위엔 숫자 아닌
터진 운동화의 땀내와
묵은 박수의 파편만 남는다

승리의 함성들은
악보 위에 새겨진 인생이다.

보이지 않는 그물의 힘

임원진은 길을 열고
회원들은 날개가 된다

결정은 지혜로, 실행은 열정으로
서로의 빈자리를 메워간다

넘어진 자리에 손을 내밀고
승리보다 웃음을 먼저 건넨다

라켓의 울림은 하나의 심장
셔틀콕의 궤적은 우리의 꿈

배려가 힘이 되고
단합이 빛이 되어
충비의 코트 위
우리는 한 몸으로 난다.

소리로 쌓인 다큐멘터리

깃발이 알 수 없이 흔들릴 때
심장은 북소리로 응답한다

라켓은 지휘봉이 되고
우리는 땀으로 악보를 그린다

셔틀콕은 빛처럼 날아
침묵과 환호 사이를 가른다

카메라는 멈추지 않고
숨소리 발자국 긴장의 떨림을 기록한다

승부를 넘어선 이야기
코트 위에 쌓이는 서사시

운율처럼 이어지는 장면들
빛으로 몸으로
그리고 온 마음으로 쓰여지는
다큐멘터리의 한 편

강약의 경계에서

스매시는 창이 되어 하늘을 찌르고
드롭은 손바닥 되어 땅을 쓰다듬는다

라켓은 숨을 고르며
"지금이야!" 속삭이고

셔틀콕은 춤꾼처럼
강과 약의 선을 넘나든다

코트는 무대가 되어
승리의 길을 비춘다.

불꽃과 침묵의 조율

휘슬 소리에 무대가 열리고
희망과 함성이 메아리치며
긴장 속에 경기가 시작된다

열정과 전략이 어우러진 순간
함성은 불꽃처럼 타오르고

비난 속에 숨은 진리가
새로운 시작을 알린다

모든 것이 끝난 후
인생의 교향곡은
또 다른 여정을 준비한다.

빛과 소금의 무대

깃털 날개로 솟구치며
전사들 꿈의 길을 걷는다

박수는 강물처럼 터져 귀를 적시고
웃음은 햇살처럼 눈부시게 번진다

라켓에 담긴 강의 흐름
발걸음마다 용기의 춤사위

스매시 공기를 가르는 번개 소리
바람 속에 터지는 힘의 진동

땀은 소금의 맛으로 입술을 스치고
노력의 결실은 영광의 순간에 피어난다

하나 된 무대 빛과 그림자
우리는 승리의 주인공이다.

검은 붓의 발자취

발끝이 두드리는 리듬은
코트 위에 파문처럼 번지고
좌우로 흔들리는 발자국은
검은 붓이 그린 대조의 선이 된다
찰나의 숨결 속에 피어나는 길
번개처럼 스치는 변주의 무늬
발의 리듬은 악보가 되어
희망의 선율을 새기고
승리의 교향곡은
삶이라는 무대에 발자취로 남는다.

보석이 된 땀방울

실력은 속삭인다
"나는 너의 인내로 빚어진 불꽃"
라켓은 외친다
"나는 네 손끝에서 노래하는 칼날"
셔틀콕은 춤추며 말한다
"나는 너의 꿈을 싣고 나는 새"
코트 위 시간들은 대답한다
"나는 흘러간 땀방울이 쌓아 만든 보석"
집중은 검처럼 빛나고
끈기는 강처럼 흐른다
그 순간 실력은 예술이 되어
승리의 무대 위에서 노래한다.

붉은 심장의 서사

코트는 심장처럼 두근거리며
붉은 피의 리듬을 땅속 깊이 울린다

셔틀콕은 하얀 새의 날개가 되어
춤추듯 푸른 허공을 가르며 날아간다

라켓은 지휘봉처럼 흔들리며
은빛 선율을 켜듯 공기를 흔든다

땀방울은 별빛으로 흩어져
코트 위에서 반짝이며 떨어지고

승리와 패배는 두 그림자처럼
서로의 손을 맞잡고 환히 웃는다

오늘도 햇살은 금빛 길을 펼쳐
코트 위에 따스한 장막을 드리우고

바람은 새로운 장의 첫 페이지를 펼쳐
전설의 서사를 속삭인다

그 빛과 바람 속에서
불멸의 이름으로 다시 태어난다.

거울 위의 두 심장

불타는 깃털
한국의 바위 인도네시아의 바람

강물은 전통을 싣고 흐르고
빛은 구슬 되어 튄다

심장은 북소리 손끝은 문장
우정은 땀에서 경쟁은 존중에서 핀다

바위와 바람
두 세계가 거울처럼 마주 서서
이겨도 져도 져도 이겨도
따뜻한 감동만 남는다.

빛을 삼키는 화염의 메아리

라켓은 번개가 되어 팔 위에서 춤추고
셔틀은 흰 새가 되어 바람의 길을 건넌다

코트는 거대한 심장처럼 뛰고
땀방울은 작은 별이 되어 반짝인다

승부는 우리에게 속삭인다
"끝까지 날아오를 용기를 가져라"

뜨겁게 타오르는 순간
우리는 불꽃의 그림자 속에서
자신을 다시 태운다.

휘몰아친 선율

라켓은 바람을 가르는 검은 펜,
코트 위에 보이지 않는 선율을 그린다.

셔틀콕은 날개 달린 화살이 되어
시간을 찢으며 춤을 춘다.

손끝은 심장을 두드리는 북이 되고,
집중은 빛처럼 코트를 물들인다.

순간의 결단은 불꽃처럼 튀어 올라
승리의 무대를 환하게 밝힌다.

라켓 속에서 울리는 떨림은
노력의 기억, 인내의 속삭임.
우리는 그 속에서 배운다
끝없는 도전의 이름

불꽃의 맥박 속으로

고요 위를 스치는 리듬 하나
떨림과 설렘이 나란히 걷고
빛을 향해
무대가 열린다

에너지는 튀고
심장은 북을 친다
불꽃 같은 갈망이
시선을 끌어당긴다

침묵과 열광 교차의 순간
노력은 한 장면에 응축되고
다른 목소리 같은 울림으로
하나가 된다

함께 울고, 함께 뛴다
삶이란 코트 위에서
식지않는 열정은
끝없이 되돌아온다.

3부

불멸의 경기장

바람의 합창단

D조는 날개다
어설픈 첫 비상에도
꿈을 안고 하늘을 두드린다
라켓은 북처럼 울리고
셔틀콕은 별빛이 되어 춤춘다

함께 뛰는 순간, 우리는 서로의 바람
경쟁은 칼날처럼 스치지만
협력은 햇살처럼 번져
우정은 구름 위에 둥지를 튼다

날갯짓마다 웃음이 피어나고
넘어진 자리마다 다시 솟구쳐
D조는 하나의 하늘을 수놓는다

저 멀리, 끝없이
함께할 때 더 멀리 간다는
비밀을 배우며

우리는 날아오른다
찬란한 내일의 푸른 창공 위로

오늘을 삼킨 태양

태양은 나를 불러
"지금 이 순간, 타올라라!" 속삭인다

시간은 거센 파도처럼 달려와
"멈추지 말고, 나를 건너라!" 외친다

내일은 없다, 오늘만이 무대
불꽃이 된 심장은 흔들림 없이 춤춘다

모든 한계를 무너뜨리는 불길
그 안에서 나는 나를 만난다

오늘을 불사르는 순간
미래는 스스로 길을 연다.

흰 새의 심장 박동

나는 바람의 칼
너는 그림자의 방패
셔틀콕은 흰 새의 심장 되어
숨결 사이를 파고든다
앞뒤의 간격은
균형 잡힌 침묵
우리의 눈빛은
보이지 않는 다리를 놓는다
그 순간
코트는 낯선 별자리로 빛난다.

바람에 걸린 경계의 춤

코트 위에 그려진 아웃, 인의 곡선
경계를 넘나드는 그 아슬아슬한 비행
전략의 속삭임이 바람에 실려온다

바깥에서 안으로 스며드는 공의 춤사위
예상을 뒤엎는 날카로운 궤적
지혜의 발현으로 순간을 잡아챈다

경계에 서서 흔들리는 긴장감
승리와 패배 사이의 얇은 줄타기
대조 속에서 빛나는 순간의 미학이다

아웃,인 속에 새겨지는 경기의 드라마
극과 극의 대조 속에 피어나는 서사
선 위에서 울려 퍼지는 삶의 노래다.

콕이 부르는 아리아

셔틀콕은 노래한다
"나는 바람을 가르는 화살, 무대 위의 음표"

라켓은 지휘봉처럼 흔들리며
"더 높이, 더 멀리"를 외친다

코트는 심장의 박동처럼 뛰며
순간마다 리듬과 열정을 쏟아낸다

아리아의 우아함 대신
스매시의 강렬한 외침이 울리고
선율의 흐름 대신
승리의 환희가 파도처럼 번져간다

셔틀콕이 그려낸 교향곡 속에서
우리는 날마다 삶을 배운다
끝없는 도전과 노력의 의미

발자국의 언어

코트 위를 가로지르는 시선은 춤추는 무희
상대의 몸짓을 따라 빛나는 나침반이 된다
셔틀콕은 하늘을 향해 속삭이며
"지금이야, 움직임을 읽어!" 외친다

흐르는 발자국은 비밀의 글자
그 안에 숨은 의도는 수수께끼다
눈빛은 그 문장을 해독하는 현자
순간마다 전략의 문을 열어젖힌다

발걸음은 발자국을 남겨
"여길 보라, 여길 숨겨라" 신호를 보낸다
코트는 지혜의 장면들은
빠른 변신을 요구하는 전장의 서사다

위치 파악은 지혜로운 동반자
움직임은 목소리로 말을 걸고
나는 그 대답 속에서
승리의 길을 읽는다.

황금빛 침묵의 무대

작은 띠 큰 무대의 속삭임
별빛 아래 그림자 차가운 공기 스미는 냄새

고정된 머리, 펼쳐진 시야
희망의 끈 매는 날개 손끝 미묘한 떨림

손목의 불꽃, 흔들림 없는 결심
땀방울의 짭조름한 맛이 입술에 맴돈다

조연의 무대, 빛과 어둠의 대비
시작과 끝 조화로운 춤 귀끝의 박수소리

삶의 상징, 완성된 예술
빛나는 순간 눈앞에 번지는 황금빛 잔상

은유는 날개를 달고 춤춘다

코트는 한 편의 시
땀 냄새 묻은 문장 위에
깃털 같은 말들이 흩어진다

라켓의 울림은
잉크가 종이를 찢는 소리
바람은 메타포가 되어
허공을 가른다

곡선은 낯선 시구처럼 솟아올라
상대의 의미를 꿰뚫고
공은 상징의 새로 변한다

마지막 셔틀콕
희망의 말줄임표로 떨어지고
땀방울의 짠맛은
포기할 수 없는 스매싱이다.

불꽃과 소금의 경계

D조의 시작은 매운맛,
혀를 찌르는 불길 같은 열정
온몸을 흔드는 고추의 불씨가
처음의 벽을 태워낸다.
C조는 쓴맛
커피처럼 깊고 진한 전략
쓴 향을 견디며 삼켜야
비로소 눈앞의 길이 선명해진다.
B조는 단맛
설탕 알갱이처럼 번지는 창의
예상 못한 곡선 속에서
승부의 미소가 피어난다.
마지막 A조는 짠맛
바다의 소금처럼 무게를 잡아
흩어지는 빛을 하나로 묶는다
리더의 길, 북극성 같은 짠 울림.

파도의 현

라켓은 속삭인다
"나는 너의 날개
꿈을 날려 보내는 심장."

땀방울의 무게를 삼키고
승리의 불꽃을 울린다

빛과 어둠을 함께 견디며
나는 끝까지 너와 뛴다.

설레는 경기

너는 북쪽 바람
빠르게 스쳐가는 스매시
나는 남쪽 불꽃
뜨겁게 타오르는 드라이브
셔틀콕이 공기를 가르고
라켓이 심장을 두드릴 때
서로의 궤적이 맞닿아
순간,
겨울은 물러가고
경기장은 봄이 되었다.

바람 위의 능소화

하늘을 가르는 붉은 곡선
손끝에서 솟은 능수화 하나
바람을 타고 춤추는 길목
쉼 없이 피고 지는 열정
부드럽고도 날카로운 순간
셔틀콕은 말없이 말한다
견딘 시간만큼 더 높이 날 수 있다고
떨어지는 꽃잎처럼
잔잔히 내려앉는 여운
코트 위엔 또 하나의 계절
지지 않는 꽃이 되어 남는다.

별들의 합창

D조의 날개는 떨림 속에 속삭인다
"어설퍼도 나는 더 높이 날 거야"

함께 모인 숨결이 하나 되어
하늘 위에 꿈의 무늬를 그린다

경쟁은 불꽃이 되고
우정은 빛나는 별이 된다
그 빛들이 서로 기대어
끝없는 하늘을 수놓는다

D조의 날갯짓은 단순한 비행이 아니다
희망이 스스로 그림을 그리는 순간이다

그 속에서 우리는 배운다
함께할 때 더 멀리 날 수 있음을
별빛 같은 꿈을 안고
찬란한 여정 위로 솟아오른다.

폭풍의 혀끝

코트 위, 긴장은
서늘한 숨결로 스며들고
라켓의 외침은 메아리처럼
벽에 부딪혀 되돌아온다

은빛 화살 같은 셔틀콕은
공기를 가르며 쏟아지는 빗줄기
눈부신 궤적을 남긴다

깃털의 침묵은 폭풍 전의 고요
핏빛 하늘 아래 잠시 멎은 파도의 숨결

이어진 충돌은 공기를 찢는
번개의 냄새를 뿜어내고
혀끝에는 금속의 씁쓸함이 맴돈다

폭풍속 떨림의 깃발

무대 위 함성은 파도의 흰 이빨처럼
별빛은 어깨에 얹힌 꿈의 깃발이 된다

숫자 뒤에 감춰진 땀의 산맥
발끝은 바다의 경계선을 밀어 올린다

폭풍의 중심에서 별 하나 떨고
심장을 쪼개는 북소리로 흔들린다

겹겹의 물결이 서사의 길을 잇고
낯선 파동 속에서 얼굴이 드러난다.

이질의 만남

거센 불꽃 화마는 산을 삼키고
잿빛 하늘 아래 우리는 서 있다

멈추지 않는 비 수마의 물결에
터전과 희망마저 흔들린다

참혹한 풍경 속에서도
우리는 포기할 수 없다

검은 재 속 새싹처럼
다시 일어서리라 새로운 꿈을 꾸리라

상처 위에 새 역사를 써 내려가며
산청에 피어날 희망을 기다린다.

폭풍의 서사시

검은 구름이 장막처럼 드리우고
거센 빗방울이 북소리 되어 떨어진다

국기 휘날리며 리듬에 춤추고
꿈은 바람처럼 가볍게 날아오른다

셔틀콕은 하늘의 별, 유니폼은 용기의 깃발
음악은 마음을 하나로 묶는 끈

번개 같은 긴장, 바람 같은 설렘
희망과 두려움이 교차하는 장의 향연

폭풍의 문이 열리고
우정 속에 무지개 꽃이 피어난다.

스텝의 심장 박동

런닝 스텝이 말했어요.
"나는 바람이야
앞으로 쏜살같이 달려가!"

슬라이딩 스텝이 웃었어요
"나는 얼음이야
미끄러지며 춤을 추지."

탁! 퉁! 사박!
발끝들이 노래하고
라켓이 지휘봉처럼 흔들려요

코트는 무대가 되고
스텝들은 합창이 되어
승리의 노래를 부릅니다.

솜사탕 위의 매운 고추

햇살은 꿀처럼 입안에 스미고
바람은 사과껍질처럼 상큼히 벗겨진다

센 바람 속 꿈은 매운 고추처럼 톡 쏘며
구름은 솜사탕처럼 부드럽게 녹아든다

눈부신 순간은 번개 같은 와사비
결단은 입안에서 불꽃처럼 터진다

어둠 속 불빛은 따뜻한 국물
희망은 오래 끓인 곰탕처럼 진하다

삶의 무대 위
짭조름한 땀과 달콤한 웃음이 어우러져
강함과 부드러움은
마치 한 상 가득한 밥상처럼 균형을 이룬다

끝내 우리는 새로운 길을 향해
맛있게 걸어간다.

4부

끝없는 여정

침묵을 찢는 날개

코트 위 긴장 숨결로 번지고
선 하나 넘을 때 심장은 새로 뛴다

언드 클리어 예언의 파편
은유의 화살이 벽을 찢는다

허공을 가르는 건 날개가 아니라
짙은 의지다

깃털은 고요 속에 멈추고
폭풍은 침묵을 숨긴다

예고 없는 충돌
공기는 둘로 갈라지고
기술은 전설로 남는다

언드 클리어
소리 없는 무너뜨림이자 일으킴
깃털의 기록이다.

잠들지 않는 코트

낮에는 햇살이 라켓을 비추고
밤에는 달빛이 네트를 지킨다

셔틀콕은 수없이 오르내리며
시간의 리듬을 새긴다

손끝의 떨림, 발끝의 궤적
땀은 강물이 되어 흐르고
실패는 다시 일어서는 불씨가 된다

고요한 새벽, 마지막 랠리 속에
심장은 여전히 박동한다
"조금 더, 조금 더."
속삭이는 목소리는 나 자신이다

밤낮이 바뀌어도
라켓의 노래는 멈추지 않는다
그 끝없는 연습의 길 위에서
나는 한 송이 꿈으로 자라난다.

운명을 가르는 손끝

그립은 속삭인다
"나를 꽉 잡아, 너의 칼날이 되리."

스윙은 칼끝처럼 날아
수많은 연습을 한 줄에 새긴다

라켓은 검이 되고
셔틀콕은 운명을 가른다

준비 속에서 우리는
자신을 단련하며 내일을 세운다.

심장의 불길로 빚은 날개

깃털의 비상, 꿈을 향해 날고
코트 위 불꽃, 코치의 심장 타오른다

춤추는 셔틀콕, 하늘을 가르며
희망의 불씨, 제자 마음에 번진다

땀 속의 웃음, 실수는 불꽃의 재
스매시의 섬광, 의지로 폭발한다

연습의 불길, 새 날개를 만들고
코치의 불꽃, 제자를 날려 보낸다.

승리의 서사

하늘을 찢는 음성은
붉게 달궈진 심장을 튀어 올렸다
메아리 아닌 북의 진동,
파도는 흰 이빨을 드러내며 몰려왔다
땀방울 속에서 움튼 씨앗이 숨을 쉬었다

눈물은 기척조차 없고
손바닥엔 단단한 껍질이 맺혔다
발밑은 검은 비늘처럼 반짝이며
포기라는 단어를 삼켜버렸다

주먹은 공중을 찔러 올리고
그 속엔 갈라진 목소리들이 웅성거렸다
빛은 비단결로 스며들어
꿈의 피부를 스쳤다
그날의 포옹은 계절을 불태운 불씨

승리와 패배,
거울을 사이에 둔 두 얼굴,
빛과 그림자가 눈동자를 들여다본다
영광은 깃털이 아니라
깃발의 무게로 심연을 흔든다.

팽팽한 이야기의 매듭

처음 손에 쥔 거트
차가운 긴장, 낯선 떨림
리듬을 찾아
삶의 무대에 섰다

실타래는 얽히고
매듭은 단단해진다
새벽과 오후
시간의 대조 속에 익숙해진 손

거트엔 흘러든 흔적들
승리와 눈물
패배와 환희가
한 줄에 얽힌다

장인의 손끝
28년의 서사시
팽팽한 선율 속
신발 끈을 묶는다.

팽팽한 숨의 현악

라켓줄은 숨을 죽인다
팽팽한 긴장 속 떨며 노래한다

셔틀콕이 닿는 순간
"쾅!" 울부짖는 고음이 번쩍이고
"툭" 속삭이는 저음이 스며든다

스매시는 천둥이 되어
코트를 가르고,
드롭샷은 빗방울처럼
섬세히 적셔온다

줄 하나하나가 현악기 되어
하모니로 경기를 지휘한다
라켓줄은 말한다
"균형이 곧 힘, 조화가 곧 승리"

안개 속의 전설

안개가 거리를 부드럽게 감싸 안고
"어서 와 오늘은 비밀 경기야" 속삭인다

셔틀콕은 깃털 치마를 휘날리며
"나 하늘의 무희야!" 외치고

라켓은 훈련관처럼
"더 높이 더 멀리!" 지휘한다

작은 경기는 새처럼 날아
세상 곳곳에 울림을 퍼뜨린다

안개는 흩날린 숨결을 모아
하늘 가장자리에 전설을 새긴다.

황금의 숨결

나는 땀방울이 모여 빚은 별빛
목에 걸려 주인의 심장에 안긴다

내 몸은 차가운 쇠붙이가 아니요
수많은 새벽 고통을 품은 이야기책이다

나는 속삭인다
"네가 흘린 눈물은 내 빛이 되었고
네가 견딘 고통은 내 무게가 되었단다."

환호는 나를 흔들어 춤추게 하고
박수는 나의 날개가 되어 퍼져나간다

나는 약속의 증표
너의 길을 비추는 황금의 나침반
너를 다시 일으켜 세우며
끝없이 새로운 꿈을 향해 걸어가게 한다.

영원의 향기

손바닥이 부딪히는 순간
천둥 같은 울림이 공기를 찢고

목이 터져 나온 아우성은
바람결에 실려 흔들린다

황금빛 파편 같은 박수
검은 물결로 번지는 아우성

빛과 어둠이 교차하는 무대,
서로의 손끝에 남는 떨림

소리는 사라져도
영원의 울림은 귀에 맴돈다.

숨결을 더듬는 운명

심장은 북이 되어
뼛속까지 울림을 새긴다
긴장한 숨결은 얼음처럼 엉겨
귀 끝에 맴도는 고요를 낳는다

칼날 같은 순간이 번쩍이며
눈동자엔 불꽃의 춤이 스친다
운명은 별빛의 손가락으로
앞길을 더듬듯 비춘다

촛불 같은 희망은 바람에 떨리지만
손끝의 떨림은 따뜻한 체온을 기억한다
절망의 냄새 속에서도 꽃잎은 향기를 품고
용기와 두려움이 혀끝에서 맞부딪는다

결단의 번개가 어제를 찢어내고
시간은 전율의 살결로 다가온다

숫자 아닌 삶의 언어가 새겨진 무대

번개의 서사

번개처럼 스쳐가는 스매시
폭풍의 리듬 속 열광
셔틀콕은 공중에 시를 쓰고
긴장 속에 시작의 기

천둥 울림 조화로운 승리
힘과 예술의 전개
땀 한 방울의 열정 속에서
완성되는 결말

번개의 혈관

구름의 혈관 찢기듯
번개는 피를 흩뿌린다

라켓은 칼끝
심장은 종소리

불타는 한 획이
허공에 새겨지고

태양은 혀끝에서 녹고
달빛은 메마른 숨결이 된다

그러나 거친 숨소리
다음 바람을 불러온다.

운명의 회오리 연주

운명의 승부 벌어지는 비단의 무대 위
한 줄기 함성은 화산처럼 터져 오르며

군주의 군악대, 결전을 알리는 북소리
틈을 꿰뚫는 불화살처럼 날아가며

회오리처럼 모든 근심들 삼킨다.

심장을 가르는 날개의 외침

드리번 클리어, 한 획의 빛이 허공을 긋고
깃털 하나가 무대의 법칙을 바꾼다

바람은 궤적을 잊어도
깃털은 가슴속 맥박처럼 결의를 품는다

방어의 벽은 두려움의 얼굴이 되고
솟구친 의지는 하늘의 심장을 가른다

드리번 클리어, 깃털은 무게를 잊고
"쾅" 하는 울림이 코트의 침묵을 흔든다.

현 위에 피어난 날개

장인의 손길로 빚어진 예스스포츠
전통과 혁신의 조화 속에서
줄들이 춤추며 소리를 만든다

햇쌀 가득 코트 위의 소리는

선수들의 날개가 되어
하늘로 비상한다

미래로 나아가는 스트링 위에
배드민턴의 새로운 전설이 시작된다.

승리의 클라이맥스

깃털은 바이올린, 하늘을 긋고
전사의 발걸음은 드럼 코트 위 울린다

라켓은 플루트 바람을 찢고
셔틀콕은 피아노 리듬 속 날아오른다

땀방울은 트럼펫 빛을 터뜨리고
미소는 하프 여유의 선율을 그린다

포기의 그림자는 첼로로 스며들고
승리의 빛은 심포니처럼 폭발한다

현재는 전주곡 미래는 클라이맥스
꿈의 가능성 교향곡으로 완성된다.

흔들림 속의 탄생

안개 속 촛불 희망의 불꽃
어둠과 빛이 춤추는 순간

고요한 밤 폭풍의 속삭임
선택의 문턱에서 흔들리는 마음

북소리 같은 심장 두려움 떨치고
안개는 사라져 길이 열린다

나비처럼 가벼운 운명
경계 허물어져 꽃길이 피어난다.

깃털이 새긴 드라마

날카로운 선이 코트를 가르고
깃털은 하늘로 날아올라 춤춘다

강렬한 순간 번개처럼 내리꽂히고
빈 공간을 가르며 화살처럼 날아간다

속삭이는 바람속 공의 노래
승리를 향한 갈망이 불타오른다

헤어핀의 궤적 속에 숨겨진
삶의 반전 드라마가 펼쳐진다.